职业院校"十四五"规划教材
数智时代智慧财经会计专业系列教材

U0753907

会计基础

徐春良 李金营 郝风伦 / 主编
韩广存 李应懂 丁国栋 赵建平 / 副主编

立信会计出版社
LIXIN ACCOUNTING PUBLISHING HOUSE

图书在版编目(CIP)数据

会计基础 / 徐春良,李金营,郝风伦主编. —上海:
立信会计出版社,2021.7
ISBN 978 - 7 - 5429 - 6873 - 9

Ⅰ.①会… Ⅱ.①徐… ②李… ③郝… Ⅲ.①会计学
－教材 Ⅳ.①F230

中国版本图书馆 CIP 数据核字(2021)第 131143 号

策划编辑　王悠然
责任编辑　郭　光
封面设计　南房间

会计基础
KUAIJI JICHU

出版发行	立信会计出版社		
地　　址	上海市中山西路 2230 号	邮政编码	200235
电　　话	(021)64411389	传　　真	(021)64411325
网　　址	www.lixinaph.com	电子邮箱	lixinaph2019@126.com
网上书店	http://lixin.jd.com		http://lxkjcbs.tmall.com
经　　销	各地新华书店		

印　　刷	常熟市华顺印刷有限公司	
开　　本	787 毫米×1092 毫米	1/16
印　　张	22	
字　　数	470 千字	
版　　次	2021 年 7 月第 1 版	
印　　次	2021 年 7 月第 1 次	
印　　数	1—1 200	
书　　号	ISBN 978 - 7 - 5429 - 6873 - 9/F	
定　　价	43.00 元	

如有印订差错,请与本社联系调换

前　言

会计工作是经济管理工作的重要组成部分,经济越发展,会计越重要。随着我国社会主义市场经济的迅猛发展,我国的会计理论研究和会计改革也在不断深化。为了规范会计核算工作,提高会计信息质量,融入国际经济大环境,我国于2006年颁布了新的《企业会计准则》,并于近年做了多次的新增和修订工作。随着会计工作规范化和国际化程度的提高,会计人员知识水平和业务素质也要随之提高,这也为职业院校会计教学明确了新的目标。

作为职业院校会计学专业的专业基础课和非会计经管类专业的公共基础课,基础会计课程的教学目标是让学生掌握会计的基本理论和基本方法,为下一阶段的专业课学习和从事会计专业工作奠定基础。本书从基础会计课程的教学目标出发,吸收国内同类教材的优点,根据教师的教学实践经验,以会计理论作指导,确定结构体系。

本书以培养应用型人才为宗旨,主要有以下特点。

(1)以循序渐进的认知规律安排教学内容。本书是会计学专业学生入门的必修课程教材,帮助学生理解会计专业的基本工作内容,并在此基础上掌握基本专业理论知识,培养学生会计核算的基本能力。因此要以会计理论为核心,根据教学需要将结构体系确定为会计概述、会计核算基础、会计要素与会计等式、复式记账、会计凭证、会计账簿、企业主要经济业务的核算、账务处理程序、财产清查和财务报告十章依次阐述。本书易学易理解,注重基础性和实用性。本书对会计的基本原理、基本技术和基本方法进行了阐述,利用图解、示例及文字描述等多种方法,使会计各基本理论与方法有机地融合为一体,保证基础理论完整,降低学生理解的难度。

(2)将基本原理阐述与会计实务相结合。本书充分考虑企业实践中财务会计岗位的常用知识,系统讲解会计理论应用,使学生可以熟练掌握常见经济业务的会计处理,并具有一定的可扩展性。对基本理论阐述明确,针对企业常见经济业务的会计处理,本书利用例题进行充分详尽的讲解说明,利用大量经济业务练习帮助学生理解掌握会计核算方法。

本书由山东交通技师学院院长赵存柱担任主审,徐春良、李金营、郝风伦任主编,韩广存、李应懂、丁国栋、赵建平任副主编。各章执笔人分别为:第一章、第十章由徐春良编写;第二章由李金营编写;第三章由郝风伦编写;第四章由韩广存、李士光编写;第五章由李应懂、闫桐编写;第六章由丁国栋、李国卿编写;第七章由高保香、王芳编写;第八章由赵建平、赵璐编写;第九章由尹婷婷、周丽娟编写;全书由徐春良进行总纂并定稿。由于编者水平有限,本书还存在着一些不足之处,恳请读者批评指正,以不断提高本书的质量。

编　者

2021 年 7 月

目 录

第一章 会计概述

随着现代数字技术的迅速发展,数字经济已经被视为撬动全国经济的支点。会计数据是企业的核心数据,会计数据系统也随着"大智移云物"时代的到来发生了革命性的转变。面对数字技术给企业会计带来的飞跃发展,三家公司的老总针对会计这个话题聊了起来。

某国内物流公司的老总李某:什么是会计? 这还不简单,我们公司的会计就是点点钱、数数票子、审核单据、登记账簿、出出报表等。

某国际贸易公司的老总张某:自2020年全球爆发新型冠状病毒肺炎以来,公司市场竞争压力越来越大,会计需要降低成本,参与企业管理与决策。会计是管理者的左膀右臂,工作既要扎实,又要创新,不能马虎。

某高新技术公司的老总黄某:随着"大智移云物"新技术的横空出世,PRA、自然语言学习等新产品层出不穷,传统会计算账、记账、报账等大量重复的工作可以由财务机器人完成,会计不仅要会计理论,更需要运用科学技术并具有创新精神,是数字化的财务工程师。

请根据三位公司老总的聊天记录,查阅一些资料,谈谈你认为会计是什么呢?

学习目标

➢ 能描述会计发展历史

➢ 能说出会计定义

➢ 能列举会计基本职能

➢ 能领会会计的新职能

➢ 能说明会计目标

➢ 能记住会计对象的具体内容

➢ 能说出会计机构与岗位设置

➢ 能描述会计法律构成

➢ 能运用《会计法》等法律法规规范对实际工作中相关事项的合法性、合理性与合规性作出正确判断

关键词

会计　会计职能　会计目标　会计对象　会计岗位　会计法律规范　会计职业道德

第一节 会计的产生与发展

会计是为适应生产活动发展的需要而产生的,并随着生产的发展而发展,是生产活动发展到一定阶段的产物,会计从产生到现在经历了一个漫长的发展历程。

一、我国会计的产生与发展

会计的历史源远流长,在文字出现之前,我们就用符号、图画记录狩猎的收获。在我国历史上的很长一段时间内,会计主要用来管理国家层次上的财政收入与支出,而民间所用的会计方法一直是比较简单的,直到元朝时,会计在民间的应用才达到相对可观的程度。

1. 原始社会时期

在距今 10 万年到 30 万年前的旧石器时代,在我国山西省朔城区峙峪村,发现了最早的会计痕迹。在距今 1 万年左右的新石器时代,原始会计的方式变得丰富起来,有绘图记事和刻画记事两种方式。在距今 5 000 年左右的原始社会末期,会计方法有了更多的形式,其表现是"黄钟"计量单位的出现、"结绳记事"和"刻契记事"的应用。

图 1-1 黄钟

黄钟,如图 1-1 所示。它本是一种用竹子制作的乐器,后来黄帝用以作为长度、重量、容量的度量。黄钟的长度规定为中等大小的黍粒 90 颗的长度,以 粒为一分,十分为一寸,寸、尺、丈之间均是十进制。这些计量单位尽管实质长度略有变化,但名称一直沿用至今。另外,通过黄钟,还确定了合、升、斗、斛等体积计量单位。这些计量单位的出现,使会计得以从实物统计向数量统计方向发展。

结绳记事(计数)是被原始先民广泛使用的记录方式之一。文献记载:"上古结绳而治,后世圣人易以书契,百官以治,万民以察。"(《易·系辞下》)其结绳方法,据记载为:"事大,大结其绳;事小,小结其绳,之多少,随物众寡"(《易九家言》),即根据事件的性质、规模或所涉数量的不同结系出不同的绳结。

刻契记事(计数)是以契刻某种物体,通过物体遗留痕迹反映客观经济活动及其数量关系的记录方式,也是被原始先民使用的记录方式之一。按照刻契结果所留痕迹的不同,其记事有两种形式:一种形式为在某种物体上契制品或钻空孔洞,以缺口或孔洞的数目反映客观经济活动的数量关系;另一种形式为在某种物体上契刻抽象

图 1-2 结绳记事

符号,以符号反映客观经济活动及其数量关系。

2. 西周时期

西周时期的会计发展对我国会计制度的成型有不可磨灭的贡献,这一时期的青铜器铭文已经出现"会"和"计"这些形状的字体,而且其含义已基本定型。根据西周的具体情况,"会计"在此时的含义就是既有零星的核算,又有年终的岁总合算。这一时期,会计已经从一种从属的地位独立出来,会计籍书、会计科目、记账符号、会计报告都已出现,只不过形式比较简单,有待发展。

3. 唐宋时期

唐宋时期是我国封建社会发展的高峰,封建经济的繁荣为会计的发展创造了良好的条件。

著名的"四柱结算法"就是在唐代中后期确立的。这里的"四柱"是指:"旧管"(上期结存)、"新收"(本期收入)、"开除"(本期支出)和"实在"(本期结余)。"四柱结算法"把一定时期内财务收支记录,通过"旧管+新收-开除=实在"这一平衡公式加以归纳。唐朝政治家李吉甫所写的《元和国计簿》是我国第一部会计著作,其分析了唐朝的财政经济状况。

到了宋代,经济发展更为繁荣。宋朝在中央设"三司",管理国家的财政大权。宋神宗熙宁七年设立三司,会计司总考天下财赋入出,总理会计核算事务。会计司是我国政府机构首次以会计命名,也是会计作为独立部门存在的第一次尝试。宋代会计账簿的设置已有草账、流水日记账、总账之分。

4. 明清时期

明朝时期,中式会计基本上沿用唐宋的会计方法,不过此时民间逐渐认识到会计的重要性,运用的范围扩大。这里值得一提的是"龙门账"的出现,这是会计理论的一大突破。龙门账创于明末清初,其账簿分为草流、流水簿、总清簿。草流起原始凭证的作用,流水簿起会计分录的作用,总清簿起总账作用。由于流水簿的来去相等,所以分类过入总清账中的来去也必然相等。期末时,在总清簿中,用公式"进-缴=存-该"验证账面有无问题。如果等式左右两边相等,称为合龙门,否则龙门不合。

清朝是我国封建时代的最后一个王朝,中式会计也发展到相当完善的程度,其表现就是"四脚账"的出现,即每一笔账项既登记"来账",又登记"去账",反映同一账项的来龙去脉。清朝末年,中国沦为半殖民地半封建社会,由于西式簿记传入的影响,以新式银行业为先驱的民间会计,开始走上改良会计的道路,出现了《中式改良簿记概说》,如图1-3所示。

20世纪30年代,潘序伦与徐永祚之间曾展开一场以"中国会计要不要与国际接轨"为焦点的争论。以徐永祚为代表的"中式簿记改良派",主张在保存中式簿记核算形式的前提下进行改良,而以潘序伦为代表的改革派认为,会计属于一种科学技术,是不分国界的,也无所谓中西之分,要看方法科学与否。这场学

图1-3 改良中式簿籍概说

术争论推动了中国会计事业的发展。有了徐永祚这个标杆，潘序伦也更加注重钻研学术，专注现代会计学在中国的传播和推广。由此，潘序伦创立了一个闻名中国的会计品牌——立信，并相继创办了中国第一家会计师事务所——立信会计师事务所，并创办立信会计专科学校（今上海立信会计金融学院）和立信会计出版社，奠定了中国现代会计学的发展道路，被誉为"中国现代会计之父"。

5. 近现代时期

改革开放的初期，我国在经济工作中贯彻实施"调整、改革、整顿、提高"的八字方针，以实现国民经济的恢复与发展。与此相适应，我国对"文化大革命"期间遭受严重破坏的会计制度进行了修订与完善，基本建立了与社会主义计划经济体制要求相适应的企业会计制度体系。我国制定实施了《折旧条例》《成本管理条例》《成本核算办法》等，以规范企业固定资产折旧行为、成本管理和核算行为。

1985年，经第六届全国人民代表大会第九次会议审议通过，并于同年5月1日起正式实施的《中华人民共和国会计法》（以下简称《会计法》）的颁布，标志着中华人民共和国第一部关于会计工作基本法律性文件的诞生。社会主义市场经济体制的建立，给会计工作提出了一系列新课题，有必要对构成会计法制体系基础的《会计法》进行调整。

随着市场经济的建立与发展，我国于1993年进行了大规模的会计制度改革，发布并实施了《企业会计准则》和《企业会计制度》。同年，第八届全国人民代表大会第五次会议作出了《关于修改〈中华人民共和国会计法〉的决定》，修改后的《会计法》，实施范围扩大，会计工作地位与作用突出，更适应我国会计自身改革及在具体事务处理上与国际通行惯例相接轨的需要。1999年，第九届全国人民代表大会第十二次会议再次修订了《会计法》，其具体条款的规定更加适合经济发展对会计改革的要求。可以结合图1-4来了解我国会计的发展历程。

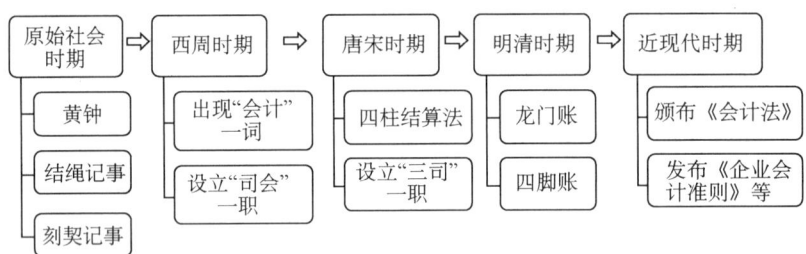

图1-4　我国会计的发展历程

6. 未来会计发展趋势

随着云计算、大数据、人工智能、区块链等数字技术的快速发展及应用，数字经济时代悄然来袭，数字技术和数据应用将来成为未来商业的核心基础。在数字化环境下，会计需要主动寻求职能转换，完成向财务自动化、工业化、智能化、数字化的转变。未来，会计随着区块链技术的不断发展，区块链技术去中心化、不可篡改的特性作用于会计确认、计量、记录、报告的整体流程，使会计信息一经确认将不可篡改、所有改动都将按时间留下痕迹。未来，会计是与技术相融合，需要具备跨界创新思维、共享融合思维和平台思维的"财务工程师"。

 小思考

会计发展历史悠久,用"结、拨、敲、合"来复盘会计的历史发展的话,可以归纳如下。

(1) 结:四千年多前我们的祖先结绳记事,小小绳结见证会计雏形的诞生。

(2) 拨:一千多年前,宋代出现算盘的记载,手指拨动,奏响了会计智慧的赞歌。

(3) 敲:70多年前计算机横空出世,键盘声声,敲开了会计电算化的宏伟大门。今天移动互联网、云计算和触摸屏交相辉映,会计的发展日新月异。

(4) 合:未来会计管理将突破空间、时间限制,最终实现思行合一。

会计是国际通用的一种商业语言,是一门科学,请结合自己的学习体会谈谈你对会计及其重要性的认识和理解。

二、西方会计的产生与发展

1494年,意大利数学家卢卡·帕乔利所著《算术、几何、比及比例概要》一书,对复式记账法做了系统的说明,为复式簿记在全世界的流传奠定了基础。

世界经济大危机后,美国迅速颁布《证券法》和《证券交易法》,从而确立了会计与审计在资本证券市场中的法律地位。20世纪50年代后,会计中引入信息论、控制论、系统论、行为科学、现代数学等,丰富了会计学的内容,管理会计随之出现。1952年,世界会计学会正式批准使用"管理会计"一词,由此将会计一分为二,形成了以服务于企业外部信息使用者为主要目的的"财务会计"和以服务于企业内部管理为主要目的的"管理会计"两大门类,并被认为是会计发展史上的一个里程碑。

小贴士

管理会计

数字经济时代,管理会计人才逐渐成为会计行业紧缺的热门人才。经济越发展,会计越重要。财政部近年就管理会计陆续出台了各项政策,2014年,《财政部关于全面推进管理会计体系建设的指导意见》正式发布之后,财政部又陆续出台《管理会计基本指引》《管理会计应用指引第100号——战略管理》等22项管理会计应用指引、《管理会计应用指引第202号——零基预算》等7项管理会计应用指引、《管理会计应用指引第204号——作业预算》等5项管理会计应用指引。2016年,财政部印发的《会计改革与发展"十三五"规划纲要》明确提出,全面加强管理会计体系建设,指导、推动管理会计的有效应用。

回顾我国管理会计的发展史,我们发现,每一次管理会计的变革,始终都是由经济环境的每一次巨大变化所推动。

我国管理会计走过了五个阶段:

1977 年之前,单一的计划经济时代,我国管理会计为以成本为核心的内部责任会计探索期。

1978—1992 年,改革开放初期,我国管理会计为以经济责任为基础的管理会计体系建设期。

1993—2008 年,我国管理会计为以市场为导向的计划、决策性的管理会计体系发展期。

2009—2016 年,金融危机后,我国管理会计为以价值创造为核心的战略管理会计体系的建设发展期。

2017 年以后,随着数字化时代的来临,以"大智移云物"为主要代表的信息技术在企业管理中的应用日渐深入,我国管理会计正在走向以技术驱动为核心的智能管理会计发展期。

第二节 | 会计的职能与目标

一、会计概念与特点

会计在现代经济生活中是不可或缺的,无论是个人还是组织的经济活动都离不开会计,那到底什么是会计呢?

(一) 会计的概念

会计是以货币为主要计量单位,运用专门的方法和程序,对一定主体的经济活动进行全面、综合、连续、系统地核算和监督,旨在提供经济信息和提高经济效益的管理控制活动,是经济管理活动的重要组成部分。

(二) 会计的特点

通过对会计定义的理解,其特点主要表现在如下四个方面。

1. 以货币为主要计量单位

对经济组织的经济活动过程进行计量和记录,通常要使用实物、劳动和货币三种计量单位。其中,实物计量单位(如千克、件、台)可以为经济管理提供必需的实物量指标,但无法进行综合计量和记录。劳动计量单位(如劳动工时)可以为经济管理提供劳动消耗量指标,但现阶段同样不具有综合性。货币(如元、角、分)作为一般等价物,可以将复杂的、不同性质的经济活动加以综合计量和记录。因此,会计以货币作为主要的计量单位。

2. 以合法原始凭证为基本依据

原始凭证是经济活动发生的书面证明,用以记载所发生的经济活动的具体内容与明确经济责任。会计对任何一项经济活动的反映和记录,都必须以合法的凭证为依据。为了保证会计信息的可靠性,对于取得或填制的凭证,必须先审核,以保证其真实性,然后才能作为

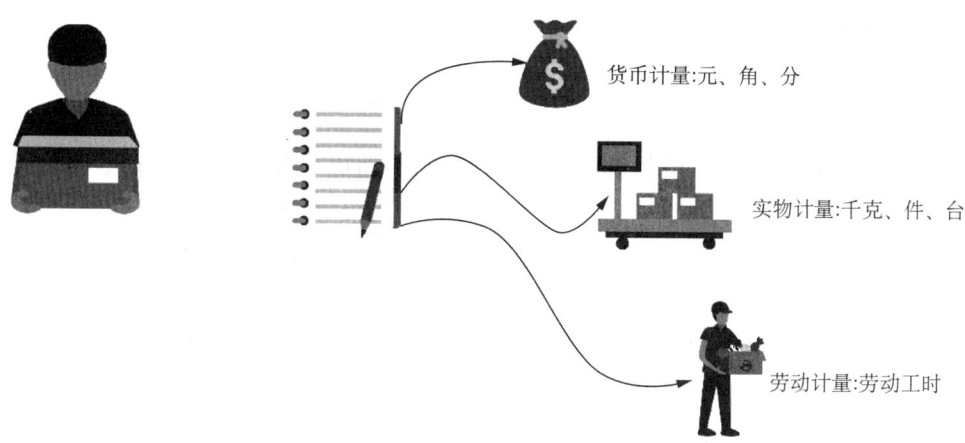

货币计量:元、角、分

实物计量:千克、件、台

劳动计量:劳动工时

图 1-5　计量单位

核算和监督的依据。

3. 运用专门的会计方法

会计在长期的发展过程中,形成了设置账户、复式记账、填制和审核凭证、登记账簿、编制会计报表等一套完整的、专门的方法体系,无论是会计信息系统的建立,还是会计作为一种经济管理活动,都是以这套方法体系为手段来对经济活动进行全面地核算和监督。

4. 对经济活动进行全面、综合、连续、系统地核算和监督

全面性是指对会计对所发生的经济活动无一遗漏地予以反映;综合性是指会计以货币作为统一的计量单位;连续性是指会计按照经济活动发生的时间顺序不间断地由始至终地予以反映;系统性是指会计对发生的各种各样的经济活动科学的分类别、分层次地予以反映。

二、会计的职能

会计职能是指会计在经济管理过程中所具有的功能。会计作为"过程的控制和观念的总结",具有核算和监督两项基本职能,其还具有预测经济前景、参与经济决策、评价经营业绩等拓展职能,如图 1-6 所示。

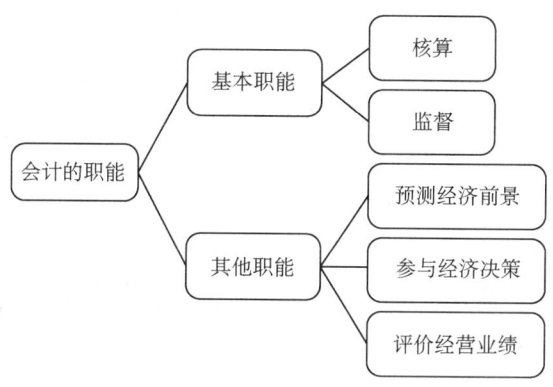

图 1-6　会计的职能分类

（一）会计的基本职能

会计的基本职能是核算与监督。

1. 会计的核算职能

会计的核算职能是指会计以货币为主要计量单位,运用一系列专门的方法,对特定主体的经济活动进行确认、计量、记录和报告。会计核算贯穿于经济活动的全过程,是会计最基本的职能。会计核算是会计工作的基础,它是通过记账、算账和报账来体现的。记账就是把一个特定单位在一定时期内所发生的经济事项,运用一定的程序和方法,在会计凭证、会计账簿上进行记录和反映的过程。算账就是运用一定的程序和专门方法对会计核算对象进行归类和计算的过程。报账是在记账和算账的基础上,通过会计报表的形式,为会计信息使用者提供相关的会计信息,如图 1-7 所示。

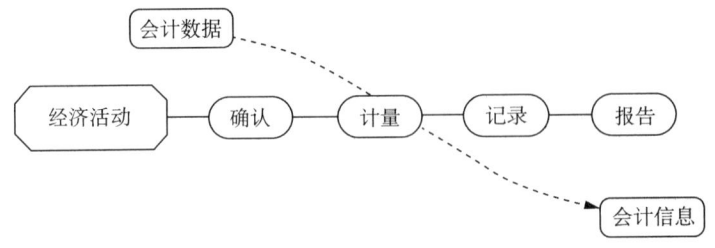

图 1-7　会计信息加工与转换

会计核算贯穿于会计活动的始终,包括事前核算、事中核算和事后核算。事前核算的主要形式是进行预测和参与决策;事中核算的主要形式是在计划执行过程中,通过核算和监督相结合的方法,对经济活动进行控制,使经营过程按照计划或预期的目标进行;事后核算也就是会计工作中记账、算账、报账的总称。

会计核算的内容主要包括:①款项和有价证券的收付;②财物的收发、增减和使用;③债权、债务的发生和结算;④资本、基金的增减;⑤收入、支出、费用、成本的计算;⑥财务成果的计算和处理;⑦需要办理会计手续、进行会计核算的其他事项。

2. 会计的监督职能

会计监督职能也称控制职能,是指会计人员在进行会计核算的同时,对特定主体经济业务的真实性、合法性和合理性进行审查的功能。会计监督是通过预测、决策、控制、分析和考评等具体方法,使经济活动按照既定的要求运行,以达到改善经营或预算管理、维护国家财政制度和财务制度、保护社会主义公共财产、合理使用资金、促进增产节约、提高经济效益的目的。会计监督职能除了货币监督职能,还有实物监督职能。

会计监督主要是利用会计资料和信息反馈对经济活动的全过程加以控制和指导,包括事前监督、事中监督和事后监督。事前监督是指对将要发生的经济活动进行会计监督,事中监督是对正在发生的经济活动进行会计监督,事后监督是对已经发生的经济活动进行会计监督。

会计监督的内容是指从本单位经济效益出发,对经济活动的合理性、合法性、真实性、正确性、有效性进行的全面监督。根据《中华人民共和国会计法》(以下简称《会计法》)和其他有关会计法规的规定,具体内容包括:①对会计凭证、会计账簿和会计报表等会计资料的监督,以保证会计资料的真实、准确、完整、合法;②对各种财产和资金进行监督,以保证财产、资金的安全完整与合理使用;③对财务收支进行监督,以保证财务收支符合财务制度的规定;④对经济合同、经济计划及其他重要经营管理活动进行监督,以保证经济管理活动的科学、合理;⑤对成本费用进行监督,以保证用尽可能少的投入,获得尽可能多的产出;⑥对利润的实现与分配进行监督,以保证按时缴纳税金和进行利润分配。

3. 会计核算与会计监督的关系

会计的核算职能和监督职能是相辅相成、辩证统一的关系。会计核算是会计监督的基础,没有核算提供的各种信息,就无法进行监督,只有正确地核算,监督才有真实可靠的依据;会计监督是会计核算质量的保障,只有核算没有监督,就难以保证核算所提供信息的真实性、可靠性,就不能发挥会计应有的作用。

(二) 会计的其他职能

1. 预测经济前景

预测经济前景是指根据财务报告等提供的信息,定量或者定性地判断和推测经济活动的发展变化规律,以指导和调节经济活动,提高经济效益。预测经济前景能有效地帮助企业作出正确的判断和选择,以对各种生产经营方案的各项经营指标进行科学的预测。一般是按照企业未来的总目标和经营方针,充分考虑经济规律的作用和经济条件的约束,选择合理的量化模型对历史数据进行科学加工和整理,来预测未来经济活动的发展变化,以减少企业经营管理决策的盲目性。例如,预计和测算产品在一定时期内市场的销售量及变化趋势,进而预测本企业产品未来销售量,预计和测算资金需要量等。

2. 参与经济决策

参与经济决策是指根据财务报告等提供的信息,运用定量分析和定性分析方法,对备选方案进行经济可行性分析,为企业经营管理等提供决策相关的信息。决策的成败关系到企业的未来,事实上,一个正确的决策可以使一个陷于困境的企业转危为安,而一个错误的决策也可能使一个兴旺的企业走向衰败。决策是以预测为基础的,对实现一定经营目标可供选择的有关方案进行分析比较,权衡利弊得失,从中选择最优方案。例如,企业应该选择生产哪一种新产品;生产经营过程中所需要的材料是自制还是外购;长期投资的投资期限及数额等。

3. 评价经营业绩

评价经营业绩是指利用财务报告等提供的信息,采用适当的方法,对企业一定经营期间的资产运营、经济效益等经营成果,对照相应的评价标准,进行定量及定性对比分析,作出真实、客观、公正的综合评判。企业通过评价各部门的经营责任情况,实行相应的奖惩制度,督促个体提高效率,实现企业的目标。

❓小思考

随着数字时代的到来,生产力的发展和管理水平的提高,人们对于会计职能的认识并不是固定不变的,应以发展的眼光来看待会计的职能,而不是局限于传统的习惯之中。目前我国会计界将会计的反映和核算职能称为基本职能,将会计参与经营决策的管理职能称为新发展的职能。

请查阅相关资料,思考一下未来会计职能会有哪些方面的发展呢?

三、会计目标

会计目标也称作会计目的,是指要求会计工作完成的任务或达到的标准,也称为财务报告的目标。我国《企业会计准则》中对会计核算的目标作了明确规定:会计目标是向财务报告使用者提供与企业财务状况、经营成果和现金流量等有关的会计信息,反映企业管理层受托责任履行情况,有助于财务报告使用者作出经济决策,如图1-8所示。

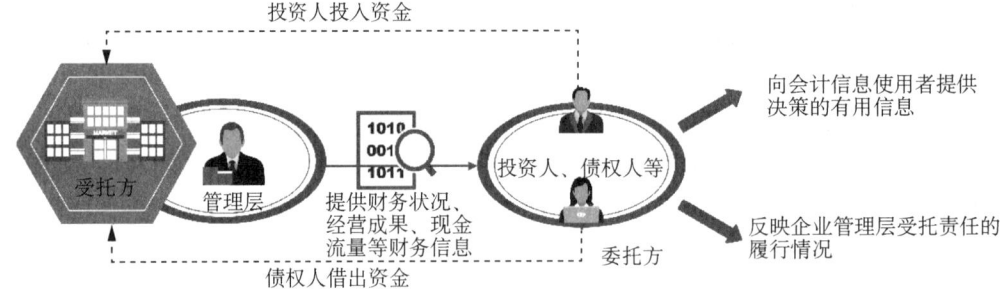

图1-8 会计目标

现代会计目标主要包括以下两个方面的内容。

1. 向会计信息使用者提供决策的有用信息

会计作为一项管理活动,要向会计信息使用者提供有助于其作出正确决策的信息,包括经营成果和现金流量信息。会计信息使用者包括外部和内部两个方面,会计信息的外部使用者具体包括投资者(股东)、债权人、政府、客户、社会中介机构;会计信息的内部使用者主要是指企业内部管理层及企业员工。

2. 反映企业管理层受托责任的履行情况

在现代企业中,企业所有权与经营权相分离,企业管理层接受委托人委托,代为经营管理企业及其各项资产,因而负有受托责任。由于委托人的所有者十分关注资本的保值和增值,需要定期了解企业管理层保管和使用资产的情况,决定是否需要调整投资政策,是否需要加强企业内部管理,是否需要更换管理层等。因此,会计目标应能充分反映企业管理层受托责任的履行情况,有助于委托人的所有者正确评价企业的经营管理责任和资源使用的有效性。

? 小思考

> 财务报告中的会计信息可以用以满足不同会计使用者的需求,如外部财务报告的使用者、股东、供应商、银行和税务部门等。
>
> 请查阅相关资料,列举财务报告的使用者,讨论一下他们各自需要的会计信息的内容。

第三节 | 会计组织机构与会计岗位设置

一、会计工作组织及会计机构

(一) 会计工作组织

1. 会计工作组织的概念

会计工作组织主要是通过设置会计机构,配备会计人员,制定与执行会计规章制度,实施与改进会计工作的技术手段,管理会计档案,进行会计工作与其他经济管理工作间的协调,形成一个高效运行的会计工作体系。

2. 会计工作组织的意义

科学、合理、有效地组织会计工作,是完成会计目标的前提和重要保证,其对充分发挥会计在经济管理中的作用具有重要意义,具体表现为:

(1) 有利于保证会计工作的质量,提高会计工作的效率。

(2) 有利于协调会计工作与其他经济管理工作的关系,提高企业整体管理水平。

(3) 有利于完善企业单位的内部经济责任制。

(4) 有利于维护各项财经法规和财经纪律的贯彻执行,保护相关者的经济利益。

(二) 会计机构

会计机构是指各单位办理会计事务的职能部门。根据《会计法》的规定,各单位应当根据会计业务的需要,设置会计机构,或者在有关机构中设置会计人员并指定会计主管人员,不具备设置条件的,应当委托经批准从事会计代理记账业务的中介机构代理记账。

1. 会计机构的设置

为了科学、合理地组织开展会计工作,保证单位正常的经济核算,各单位原则上应设置会计机构。一个单位是否单独设置会计机构,往往取决于以下几个因素:一是单位规模的大小;二是经济业务和财务收支的繁简;三是经营管理的要求。

大、中型企业和具有一定规模的行政事业单位,以及财务收支数额较大、会计业务较多的社会团体和其他经济组织,应单独设置会计机构。规模较小、业务和人员都不多的单位,可以不单独设置会计机构,将会计业务并入其他机构,或委托中介机构代理记账。不单独设置会计机构的单位应在有关机构中配备会计人员并指定会计主管人员。

? 小思考

某小型制衣企业由于规模小,业务和员工都不多,企业负责人认为会计工作只是记记账,不需要设置专门的会计机构和会计人员,并将会计工作直接交给人事部门员工协同完成。

根据企业会计机构设置的相关规定,请指出这样的做法是否妥当?为什么?

2. 会计机构的组织形式

由于会计工作的组织形式不同,会计机构的具体工作范围也有所不同。企业会计工作的组织形式有独立核算和非独立核算、集中核算和非集中核算等组织形式。

1) 独立核算和非独立核算

独立核算是指对本单位的业务经营过程及其结果进行全面、系统的会计核算。实行独立核算的单位称为独立核算单位,它的特点是具有一定的资金,可以在银行单独开户,独立经营、计算盈亏,具有完整的账簿系统,定期编制报表。独立核算单位应单独设置会计机构,配备必要的会计人员,如果会计业务不多,也可只设专职会计人员。

非独立核算又称报账制。实行非独立核算的单位称为报账单位,它由上级拨一定的备用金和物资。报账单位平时进行原始凭证的填制和整理,以及备用金账和实物账的登记,定期将收入、支出向上级报销,由上级汇总,它本身不独立计算盈亏,也不编制报表,如商业企业所属的分销店就属于非独立核算单位。非独立核算单位一般不设置专门的会计机构,但需配备专职会计人员,负责处理日常的会计事务。

2) 集中核算与非集中核算

实行独立核算的单位,其记账工作的组织形式可以分为集中核算和非集中核算两种。

集中核算就是将企业的主要会计工作都集中在企业会计机构内进行。企业内部的各部门、各单位一般不进行单独核算,只是对所发生的经济业务进行原始记录,办理原始凭证的取得、填制、审核和汇总工作,并定期将这些资料报送企业会计部门进行总分类核算和明细分类核算。实行集中核算,可以减少核算层次,精简会计人员,但是不便于企业各部门和各单位及时利用核算资料进行日常的考核和分析。

非集中核算又称为分散核算,是指企业的内部单位要对本身所发生的经济业务进行比较全面的会计核算。例如,在工业企业里,车间设置成本明细账,登记本车间发生的生产成本并计算出所完成产品的车间成本,会计部门只根据车间报送的资料进行产品成本的总分类核算。又如,在商业企业里,把库存商品的明细核算和某些费用的核算等,分散在各业务部门进行,至于会计报表的编制以及不宜分散核算的工作,如物资供销、现金收支、银行存款收支、对外往来结算等,仍由企业会计部门集中办理。实行非集中核算可以使企业内部各部门、各单位能够及时了解本部门、本单位的经济活动情况,有利于及时分析、解决问题,但这种组织形式会增加核算手续和核算层次。

3. 会计工作岗位设置

会计工作岗位是指一个单位会计机构内部根据业务分工而设置的职能岗位。会计工作